Gedankenanker

Das Gästebuch für meine Lieblingsmenschen!

Die Hafenprinzessin

Dieses Gästebuch gehört:

_____

Impressum

© 2020 youneo projects flick und weber GbR

Verantwortlich

Christian Flick / Mathias Weber

youneo projects flick und weber GbR, Poststraße 1, 49326 Melle

info@youneoprojects.de, www.youneoprojects.de

Herstellung und Verlag

BoD - Books on Demand, Norderstedt

Bildquellen

© M Studio/shutterstock (Cover), ddok/shutterstock

Hafenprinzessin® ist eine eingetragene Marke der youneo projects flick und weber GbR.

ISBN: 9783751934602

6

9

15

19

25

ฦ

52

56

60

73

90